ACHILLE OZANNE

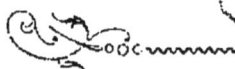

Poésies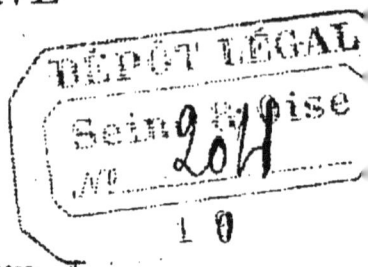

Gourmandes

RECETTES CULINAIRES EN VERS

Publiées par l'Académie de Cuisine au profit d'un Prix Ozanne)

EN VENTE

CHEZ M. LACAM, DÉPOSITAIRE
81, RUE SAINT-DENIS, 81
PARIS
—
1900

POÉSIES GOURMANDES

ACHILLE OZANNE

Poésies

Gourmandes

RECETTES CULINAIRES EN VERS

(Publiées par l'Académie de Cuisine au profit d'un Prix Ozanne)

EN VENTE

CHEZ M. LACAM, DÉPOSITAIRE

81, RUE SAINT-DENIS, 81

PARIS

—

1900

ACHILLE OZANNE

NÉ LE 29 SEPTEMBRE 1846
A LA CHAPELLE-LA-REINE (SEINE-ET-MARNE)
DÉCÉDÉ LE 10 AOUT 1896
A FONTAINEBLEAU

PRÉFACE

———◦◦———

LECTEUR aimable, il est d'usage
Que l'éditeur d'un bel ouvrage
Te le présente en quelques mots.
Quand les auteurs sont des dévots
Du culte sacré de la Muse,
Par persuasion, par ruse,
Il se décharge de ce soin
Sur quelque poète qu'au loin
Il va racoler sans vergogne.
Bien douce est ici la besogne,
Car Ozanne qu'il faut louer
Est de ceux qu'on aime à vouer
A l'éternelle et pure gloire.
Il n'a laissé dans la mémoire

*

De ses rivaux moins fortunés

Que les élans passionnés

Qui l'entraînaient, âme ravie,

Vers l'idéale poésie.

Et qui ne sait qu'en ces sommets,

Où l'esprit trouve pour tous mets

Trop souvent de folles pensées,

Il puisa les choses sensées,

Qu'en tous lieux et par tous chemins

Il sut répandre à pleines mains !

Le lire, artiste culinaire,

Est un plaisir. L'autoritaire

En lui n'est pas ni l'absolu.

En bon disciple, il n'a voulu

Que suivre en tout le vieil Horace :

Toujours il met en belle place,

A côté de la fiction,

Don de l'imagination,

Les conquêtes de la science

Et les fruits de l'expérience.

Allez donc à ce livre exquis ;

Vous y trouverez maint croquis

Et souvent de votre pensée

La forme nettement tracée.

C'est le conseil qu'un vieil ami,

Admirateur de la fourmi,

En quête sans cesse comme elle

De toute richesse nouvelle,

Se plaît à vous donner ainsi

En saluant Ozanne ici

F. GRANDI.

A LA MÉMOIRE D'ACHILLE OZANNE (1)

La Cuisine est l'idole
    Que vous eussiez, Romains,
Dû mettre au Capitole
Au lieu de vos dieux aigrefins.
    Car, ainsi que s'étend

    En un champ la rosée,
    En cuisine descend
    La féconde pensée.
    L'une nourrit la plante
    Et fait naître la fleur,
L'autre, plus douce et caressante,
Inspire et l'esprit et le cœur.

    Jusqu'à Noé, nos pères,
        Pour oublier
        Leurs misères
        Et s'abreuver,

(1) 15 Aout 1896.

N'eurent d'autre ressource
    Que l'eau
De l'humble source
Et du petit ruisseau.
Depuis la découverte
Que Noé fit pour avoir bu
Du jus divin sous la treille encore verte,
    Quel chemin parcouru !

Je passe, et c'est mon droit,
Les nations grecque et romaine
    Et j'arrive tout droit
A l'époque contemporaine,
    Qui vit naître et grandir
    A son aurore même
        Pour la servir
        Le grand Carême.
    Ses travaux ont formé
        Toute une élite
        Et révélé
            Le mérite
    D'artistes merveilleux
Qui, sans lui, dans la tombe,
    Oubliés, malheureux,
A l'heure où tout succombe,
Auraient, victimes des méchants,
Enseveli leur secrète pensée

Que ses écrits savants
Prête à s'éteindre ont ranimée.
　　Gloire à lui !
A sa science tant prisée !
Depuis que son soleil a lui,
Nous ne sommes plus la risée
　　Des cuistres, des pions
　　　　De collège.
Sur nos écrits, pour qui nous tremblions,
On ne portera plus une main sacrilège :
　　L'art culinaire a ses lettrés,
　　　Ses poètes, ses sages,
　　　Ses penseurs enviés
Et son tribut d'hommages.

Pourquoi faut-il, hélas !
　　Qu'à l'heure même
Où la gloire ceint leur front, le trépas,
　　Douleur suprême,
Les enlève à nos applaudissements
　　Et, muet, enténèbre,
Sourd aux gémissements,
Leur œil de feu, sur la couche funèbre !

Tu fus, cher Ozanne, un de ceux
　　Que l'art réclame,
Qu'il suivait de ses yeux,
Qu'il célèbre et acclame.

La Parque dans son aveugle fureur,
   De son outil funeste
   A tranché pour notre malheur
Le fil précieux de tes jours. Mais il nous reste
     Le souvenir
   De l'aimable et docte collègue ;
    Et l'avenir,
   A qui ton esprit lègue
   Des trésors, inscrira
   Au temple de Mémoire
   Ton nom qui flamboiera
Au ciel de la Cuisine, dans la gloire !

F. GRANDI.

PROLOGUE

Quoi ? Se disent les purs, la langue de Racine
      Va maintenant servir de cible à la cuisine
Et voilà que laissant leurs emplois casaniers
Nous allons voir bientôt Messieurs les cuisiniers
D'un Parnasse nouveau, s'érigeant en poètes
En vers, plus ou moins bons, éditer leurs recettes.

. . . .

Holà ! chantres du chœur, des bois et des oiseaux
Chantez-nous le ciel bleu, le murmure des eaux,
Vous avez tous vos droits, j'ai les miens — et j'en use.
Écoutez-moi lecteurs, et voici mon excuse :

        Qand la Muse monte au cerveau
        On chante tout ce que l'on aime
        On chante ce qui semble beau
        Bien ou mal, on rime quand même !

Que ceux-là qui n'ont point aimé
Durant leur existence entière,
Que ceux qui n'ont jamais rimé
Me jettent la première pierre

ACHILLE OZANNE.

INVOCATION

Rare et fameux esprit dont la fertile veine
   A secondé chez toi le travail et la peine,
Qui de l'Art culinaire a connu les combats ;
Toi qui sais à quel coin se marquent les bons plats,
Ah ! pour bien acquérir la science divine,
Inspire-moi, Carême, ô Roi de la cuisine.

POÉSIES GOURMANDES

LE CIVET

Pour faire un bon Civet, d'abord prenez un lièvre
Tué d'un coup de feu, non pas mort de la fièvre
Et puis, découpez-le par morceaux avec art.

Dans une casserole avec du petit lard
Vous faites revenir des oignons en bon nombre.
Qu'ils soient d'un brun doré, mais non de teinte sombre.
Quand de même façon vous avez obtenu
Que votre lièvre aussi soit à point revenu,
Laissez-le cuire un peu saupoudré de farine,
Mouillez-le d'un vin rouge de bonne origine ;
Ajoutez champignons, puis un bouquet garni,

1.

Assaisonnez à point alors le tout fini ;

Quand l'odeur du fumet chatouillant la narine

Et que son doux parfum embaume la cuisine,

Faites-le mijoter pendant une heure au moins

Doucement sur le feu tout entouré de soins.

Vous avez un régal que personne ne boude

Et vous vous en léchez les doigts jusques au coude.

A propos j'oubliais... ne soyez pas surpris

De voir servir autour des petits croûtons frits .

BEIGNETS DE PÊCHES

Roses, fraîches, fermes et belles,
Comme des seins de jouvencelles ;
De dix pêches, il est besoin
D'enlever la robe avec soin.

Dans un sirop que l'on compose
D'arômes odoriférants,
Pendant une heure l'on arrose,
Leur chair tendre et leurs tons friands.

J'avais oublié de vous dire
Qu'il faut couper vos fruits en deux.
Puis, faites une pâte à frire
De farine, de lait et d'œufs.

Trempez alors dans cette pâte
Chaque morceau séparément,
Que l'on précipite à la hâte
Dans la friture vivement.

Quand vos beignets sont d'un blond tendre,
Ainsi qu'en août on voit les blés ;
Sucrez et sans plus faire attendre,
Servez aux gourmets assemblés.

Ce sont des délices suprêmes,
Que donne ce mets recherché ;
Nous l'aimerons comme nous-mêmes,
Qui sommes le fruit d'un pêché.

HOMARD A L'AMÉRICAINE

PROLOGUE

Prenez un beau homard, puis sur sa carapace
Posez une main ferme et quelques sauts qu'il fasse,
Sans plus vous attendrir à des regrets amers ,
Découpez tout vivant, ce cardinal des mers.

RECETTE

Projetez tour à tour dans l'huile
Chaque morceau tout frémissant,
Sel, poivre, et puis chose facile,
Un soupçon d'ail en l'écrasant,
Du bon vin blanc, de la tomate,
Des aromates à foison,
Se mêleront à l'écarlate
De la tunique du poisson.

Pour la cuisson, c'est en moyenne,

Trente minutes à peu près.

Un peu de glace et de cayenne

Pour la finir et puis... c'est prêt.

Que de cette sauce alléchante,

Des voluptés naisse l'essaim,

Elle fasse damner un Saint !

ÉPILOGUE

Car plus d'une beauté rigide

Au tête-à-tête familier,

Succombe, après ce plat perfide,

En cabinet particulier !

CHARLOTTE DE POMME

PROLOGUE

O n dit : de la pomme nous vient
    D'ici-bas l'existence amère ?
Oui, mais... que de bons plats l'on tient
Du péché de notre Grand'Mère !

Si je choisis parmi le cent
D'entremets, dont ce fruit nous dote,
J'en sais un bien appétissant.
Je veux parler de la Charlotte...

RECETTE

Parfumez de cannelle et zeste de citron
    Une compote de reinettes
Et puis, dans un pain mat, vous taillez environ
    Trente morceaux en bandelettes.

Dans un beurre fondu sitôt qu'ils sont plongés
Sur les parois de votre moule
Dressez-les côte à côte et surtout bien rangés
Pour que l'édifice ne croule.

Maintenant, pour finir, il faut que dans ce puits
Vous y versiez votre compote
Poussez le tout au four pendant une heure... et puis
Vous démoulez votre Charlotte.

ÉPILOGUE

C'est un bon plat que la maman
Peut confectionner en famille
C'est simplet comme le roman
Qu'on permet à la jeune fille.

Aussi que de soins amoureux
Je l'entoure, je la mijote
En souvenir du temps heureux
Où j'aimais tendrement Charlotte.

BOMBE « *FIORE DI LATE* »

~~~~~~~~~~

NTREMETS succulent, parfum délicieux

    Qui donne sur la terre un avant-goût des Cieux !

On dit que dans Vénus il eût son origine

C'est charmant : on dirait du Musset en Cuisine.

Qu'ils nous viennent de là, de Chine ou bien d'ailleurs

D'entre tous les bons plats choisissons les meilleurs !

RECETTE

> C'est une glace à la groseille
>
> Qui vous prêtera son concours
>
> Pour garnir en couche vermeille
>
> Votre bombe en tous ses contours
>
> Battez une crème légère...
>
> Dès qu'elle est cette fleur de lait
>
> Ainsi qu'une mousse éphémère
>
> Sucrez, vanillez, quand c'est fait.

Doucement alors on la coule
Petit à petit avec soin
De façon à remplir le moule ;
Et puis après, il n'est besoin

Que la laisser prendre à la glace.
Pendant deux heures, c'est assez ;
Et lorsqu'on découpe avec grâce
Dans ces deux tons entrelacés.

Sur la groseille on voit la crème qui repose
Comme les blanches dents près de la lèvre rose.

TRUFFES AU CHAMPAGNE

SONNET

TELLE, quand vient la nuit, après le crépuscule
Brille l'étoile d'or qu'on voit au firmament,
Sur nos tables tu luis, précieux tubercule,
Et semble des festins être le diamant.

Ma recette est très simple, en voici la formule :
Dans une mirepoix qu'on mouille abondamment
De champagne mêlé d'eau-de-vie que l'on brûle,
Faites bouillir la truffe, épices et piment.

Sitôt qu'il apparaît au milieu de la fête
Ce plat, des invités fait vite la conquête,
Et les femmes surtout, sont à lui sans retour.

Son parfum capiteux leur montant à la tête,
Stimule doucement la face qui reflète
En des yeux flamboyants — de longs frissons d'amour.

ÉPIGRAMMES D'AGNEAU

BOILEAU nous cite l'épigramme
Comme un trait mordant incisif...
Et la Fontaine, lui, proclame
L'agneau doux et inoffensif

Ce n'est point de cet amalgame
Que l'on a fait un plat nouveau,
C'est du caprice d'une femme
Qu'est né l'épigramme d'agneau

De deux carrés d'agneau prenez les côtelettes
Mettons douze environ, belles et bien coquettes.
En arrondir la noix et puis les apprêter
Pour cuire avec du beurre, en un plat à sauter.

D'autre part, ayant fait braiser les deux poitrines,
Vous les mettez sous presse entre deux plaques fines,
Froides, vous les taillez à peu près en façon
De poire ; — puis à l'œuf, panez chaque tronçon.

D'une belle couleur les ayant laissé frire
Avec les côtes, donc, que vous avez fait cuire
En couronne dressez et, tout en alternant,
Les côtes et tronçons chacun se soutenant

Lorsque le rond est fait et de bonne figure
Dans le milieu du plat mettez la garniture
Que vous accommodez au mieux de votre choix,
Soit de la macédoine ou bien des petits pois !

Dans votre plat que rien ne cloche.
Qu'il soit exempt de tout reproche !
Car, vraiment, il serait fâcheux
Que quelques invités grincheux
Ne vous lancent, ces bons apôtres
Des épigrammes sur les vôtres ?

LE POTAGE

CE que je sais le mieux, c'est mon commencement,
   S'écriait l'avocat des *Plaideurs* de Racine ;
C'est le début qu'on doit soigner pareillement,
Pour qu'un grand dîner soit un chef-d'œuvre en cuisine

> Ainsi que pour un opéra,
> On le juge dès l'ouverture :
> Pour vous le potage sera
> De bon ou de mauvais augure.

POTAGE A LA BISQUE D'ÉCREVISSES

Vous taillez dans un pain de gros croûtons carrés.
Au beurre passez-les, bien blonds et bien dorés ;
Puis, comme un dieu vengeur, veillant aux sacrifices,
Vivantes, en cuisson plongez vos écrevisses !

Pour faire un beurre après, vous en aurez ôté
Les plus rouges morceaux de toutes les coquilles,
Coupez les chairs en dés, mettez-les de côté,
Et, dans votre mortier, pilez bien les broutilles

Que vous mouillez alors avec un consommé.

Mêlez-y les croûtons, cuisez à point nommé

Et, pour en obtenir une farce très fine,

Avec le plus grand soin passez à l'étamine.

Ainsi votre potage étant presque achevé

A point détendu, puis, de poivre relevé,

En y mêlant les chairs, vous y joignez encore

Votre beurre bien cuit, rose comme l'aurore.

Que, pour certains époux, ce potage a de prix !

On voit, le lendemain, plus d'un mari surpris !

A sa femme vanter, les yeux pleins de malices,

Les heureux résultats du coulis d'écrevisses !

MOUSSE AUX FRAISES

Voici l'Avril ! voici la Fraise !
    Les amoureux
Pourront la chercher à leur aise ;
    Toujours à deux.

Ils s'en iront avec prudence,
    En tapinois
Faire leur cueillette en silence
    Dans les grands bois.

Et nous — puisque le Printemps sème
    Le premier fruit —
Faisons des mousses à la crème
    De son produit !

Que votre fraise soit quelque temps macérée
    Au sucre; puis, avec, faites une purée
Qu'on obtient en passant les fruits dans un tamis
Pendant que, d'autre part, vous avez déjà mis,
Près du feu se dissoudre un peu de gélatine,
Qu'on verse sur la fraise à travers l'étamine.

L'appareil étant prêt, bien ferme, vous fouettez
Une crème qu'aux fruits alors vous ajoutez.
Ce mélange produit une mousse bien rose :
Moulez-là ; puis qu'en glace une heure elle repose :
Vous aurez un régal d'une exquise saveur
Qui rafraîchit la bouche et réchauffe le cœur.

Voici l'Avril, voici la Fraise,
Cette reine des entremets :
Dégustez-la tout à votre aise,
Heureux gourmets,
Voici la Fraise !

LA MATELOTE

J'aime à voir l'horizon superbe
  Où monte le soleil naissant,
Et, dans l'émeraude de l'herbe,
Chaque rayon d'or se glissant.

Aussi, laissant là le classique
Aujourd'hui pour quelques instants,
Si j'ai déserté la boutique,
C'est pour saluer le Printemps !

C'est pour les jolis radis roses.
C'est pour le doux parfum des bois,
C'est pour les fleurs fraîches écloses,
L'aubépine et les petits pois...

Je t'aime, ô printanière ivresse !
Mais, pour moi, le plus grand attrait
C'est près de l'eau, je le confesse,
La matelote au cabaret !

RECETTE D'APRÈS NATURE

Dans l'âtre est accroché le grand chaudron qui brille ;
Dessous, le feu de bois gaîment flambe et pétille !
Tout autour sont rangés les joyeux compagnons,
Écoutant mijoter le beurre et les oignons ;
Tandis que le patron, d'une main sûre et ferme,
Choisissant ses poissons, leur râcle l'épiderme...
Maintenant suivez bien, — poursuivant son travail,
Il les coupe en morceaux ; fait un chapelet d'ail,
Et, dans un grand chaudron, il verse sans vergogne
Deux verres de cognac, un bon broc de bourgogne,
Sel, poivre, puis son ail, et, lorsque la cuisson
Lui semble bien à point, ajoute le poisson.
Bientôt l'alcool s'échauffe, il l'allume, il flambloie,
Changeant la matelote en un grand feu de joie.
Alors, quand tout s'éteint, il met pour la finir
Un beurre manié. C'est prêt, il faut servir.

Ah ! qu'en sortant de la gargote,
Je me suis senti guilleret
D'avoir mangé de la matelote
En l'arrosant de vin clairet !

FLORÉAL

En mai — saison des fleurs nouvelles
On voit partir les cuisiniers,
Filant comme des hirondelles,
Sous des climats hospitaliers.

Les uns émigrent vers les plages
Que baignent les flots indiscrets,
Les autres sous les verts ombrages
Des châteaux, villas et forêts.

Et de floréal en automne
Dans le château, dans la villa,
Quelque plaisir que l'on se donne.
La cuisine a passé par là.

Certes, la nature est bien belle ;
Zéphyr berce les verts roseaux,
Mais il faut qu'un bruit de vaisselle
Se mêle aux concerts des oiseaux ?

Et quoi qu'on dise et que l'on fasse,

Dans tout ce que l'on a fêté,

Notre art a toujours eu sa place

Au banquet de l'humanité !

OMELETTES AUX MORILLES

SOUS BOIS

N pleine forêt ma nourrice,
   Sur sa cour, avait deux pignons :
Ses fils, un âne, une génisse
Etaient là mes bons compagnons.

J'aime à revoir cette retraite
Qu'abritent les arbres géans
Dont le vent agite le faîte
Comme les flots des océans.

Où le soleil, entre les branches,
Glissant soudain de l'horizon,
Fait resplendir muguets, pervenches
Et lys épars sur le gazon.

La belle moisson de morilles
Que nous faisions là tout gamins,
Mettant nos blouses en guenilles
Après les ronces des chemins !

Et, tout fiers de notre cueillette,

Quels éclairs dans nos yeux ardents,

Lorsqu'apparaissait l'omelette...

Qu'on dévorait à belles dents !

L'OMELETTE

Quand vos morilles sont soigneusement lavées,

Puis, en morceaux, après, finement découpées,

Jetez-les dans la poêle au beurre presque noir,

C'est, — pour en sécher l'eau — le soin qu'il faut avoir.

Assaisonnez-les bien ; mettez sur une assiette,

Et, dans la poêle, alors, faites une omelette

Que l'on étend partout d'une égale façon

Afin de la plier en forme de chausson.

Lorsque dans le milieu, l'on a mis ses morilles...

C'est simple : les mamans en instruiront leurs filles.

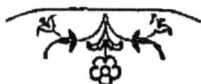

LES PETITS POIS

PRAIRIAL

Voici donc Juin qui vient nous rendre,
  Légers et coquets à la fois,
Ces jolis écrins d'un vert tendre
Qui renferment les petits pois !

C'est là qu'ils poussent côte à côte,
Ainsi que des perles rangés :
Il faut seulement qu'on les ôte
Une heure avant qu'ils soient mangés...

Les uns les mangent à l'Anglaise,
D'autres les préparent au lard ;
Moi — sans chauvinisme et sans fard —
Je les préfère à la Française !

RECETTE

Mélangez bien vos pois avec du beurre frais ;
Maniez quelque temps. Puis ajoutez après
Ci : deux ou trois oignons, une laitue bien belle,
Des branches de persil ; qu'on attache après elle,

Du sel, un peu de sucre, et la quantité d'eau
Qu'il suffit pour mouiller les pois à leur niveau.
Laissez-les mijoter environ trois quarts d'heure,
Retirez-les du feu, finissez-les au beurre.

  Mais, lecteurs, nous vous engageons —
  Pour changer un peu la coutume
  Qui n'en fait souvent qu'un légume
  — A mettre autour quelques pigeons.

POULETS NOUVEAUX GRILLÉS

Au banquet de la vie, infortunés convives!

. . . .

A LA DIABLE

PAUVRES PETITS

D'ABORD on les voit accourir,
  Petits et frêles,
Et la poule, pour les couvrir,
Étend ses ailes,

Puis, dès que se lève l'aurore,
  Chaque poulet,
Jusqu'au crépuscule, picore
  Tant qu'il lui plaît.

Innocentes et pauvres bêtes!
  Tristes destins!
Déjà l'on met à prix vos têtes,
  Pour nos festins!

Vous voir libres est ce que j'aime ;

Si je vous plains,

C'est qu'il vous faut tomber quand même

Entre nos mains.

Mais c'est un trépas enviable,

Je vous promets,

Que de vous servir à la Diable

A nos gourmets.

RECETTE

Prenez un poulet jeune, où faibles sont les os.

Ensuite, adroitement, fendez-le par le dos.

Croisez les ailerons — les pattes : on les rentre

En un trou que l'on fait sur les côtés du ventre,

Alors vous l'ouvrez bien, puis vous l'aplatissez.

Au beurre ou sur le gril, là, vous le raidissez.

Ceci fait — pour mener à bien votre entreprise

Enduisez le poulet de moutarde. — Une prise

De poivre de Cayenne, avec soin sur le tout,

Mise par-ci par-là — pour rehausser le goût.

Maintenant c'est fini — vous le panez au beurre

Et faites doucement griller un bon quart d'heure !

Pourtant j'aimais vous voir courir,

Petits et frêles,

Quand la poule pour vous couvrir,

Ouvrait ses ailes !

TARTELETTES AUX CERISES

FANTAISIE D'ÉTÉ

> Quelle change pour les oiseaux !
> Pour les enfants qu'elles surprises !
> Les pentes vertes des côteaux
> Sont toutes rouges de cerises.
> (Pierre Dupont).

Soleil de Messidor, verse à flots tes rayons !
Sur nos moissons en fleur, sur nos fruits qui mûrissent
Prodigue ta chaleur, — afin que nous ayons
Et la cerise pourpre, et des blés qui jaunissent.

J'aime la cerise au verger,
Lorsque deux beaux bras blancs de marbre
Viennent m'offrir, pour le manger,
Ce fruit tout frais cueilli sur l'arbre.

Et j'aime aussi qu'en un bocal,
Dans l'alcool vieux s'épanouissent,
Ces fruits — délicieux régal ! —
Aux reflets d'or qui m'éblouissent !

La chaleur met ma muse à bout,
Je cherche en vain quelques recettes,
Et pense que le mieux, de tout,
C'est de faire des tartelettes.

Aux oiseaux nous en laisserons !
Pour les enfants quelles surprises,
Quand, au dessert, nous servirons
Des tartelettes aux cerises !

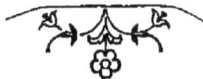

PIGEONS EN COMPOTE

Deux pigeons s'aimaient d'amour tendre.
. . . .

LA FONTAINE.

———M———

LE CORBEAU A LA COLOMBE

« Ma colombe, ils te feront cuire
Avec le bois de ce rameau;
De Satan l'homme est jumeau
Et l'oiseau noir se met à rire! »

BÉRANGER.

LES pigeons m'ont toujours fait rêver à l'amour,
On ne peut en parler sans penser tour à tour,
A l'oiseau de Vénus, cette douce colombe,
Blanche comme le lys ou la neige qui tombe.
Puis à l'oiseau divin — c'est la forme que prit,
Lorsqu'il nous apparût un jour, le Saint-Esprit. —
Quand sur les bords du toit, gaîment ils se becquêtent,
Ce sont des mots d'amour, je crois, qu'ils se répètent.
Ce sauveur de Noé, cet envoyé du ciel !
Est le seul animal ayant le foie sans fiel.
Oui, de ces beaux présents — le Créateur nous dote,
Hélas, qu'en faisons-nous — des pigeons en compote

RECETTE

Choisissez deux pigeons, qui soient gras et dodus.

Prenez pour les trousser les soins qui leur sont dus ;

Ensuite doucement, dans votre casserole,

Faites-les revenir — et puis, à tour de rôle,

Vous y passez aussi du lard et des oignons.

D'autre part, épluchez quelques beaux champignons,

Bien ronds, fermes et blancs, comme les seins d'albâtre

Qu'à l'aspic, vint offrir la reine Cléopâtre.

. . . .

Puis vous faites un roux qui ne soit pas trop lié,

De vin blanc, de bouillon, mouillez-le par moitié.

Quand la sauce est à point, et fait bonne figure

Mettez-y les pigeons avec la garniture ;

Laissez-les mijoter ; alors, pendant ce temps,

Plaignez ces malheureux qui n'ont vu qu'un printemps !

SOLES AU VIN BLANC

THERMIDOR

A CHAQUE instant l'orage gronde,
De la chaleur nous gémissons ;
Alors, nous nous plongeons dans l'onde,
Le vrai domaine des poissons.

Ah ! s'ils usaient de représailles !
S'ils nous traitaient en mécréans,
Que de gigantesques batailles !
On verrait dans les océans !

Les turbots seraient chefs de file,
Les soles, rougets et harengs,
Comme une masse qui s'empile,
Les suivraient en serrant les rangs.

Mais ne cherchons pas la victoire
Que procure un combat sanglant ;
On n'a, certes, pas l'âme noire
Quand on fait la sole au vin blanc.

4

RECETTE

D'abord, pour débuter sans plus de paraboles,

Des deux peaux, avec soin, vous dépouillez vos soles.

Dans un plat bien beurré, pour lors, avec amour,

Couchez-les gentiment, et mettez tout autour

Du thym et du laurier, avec persil en branches,

Vous salez et poivrez — quelques oignons en tranches

Pour en finir le goût. — Ensuite de vin blanc,

Mouillez-les comme il faut — non pas faire semblant,

Et, dès que vos poissons auront fini de cuire,

Vous passez la cuisson, que vous faites réduire,

Liez aux jaunes d'œufs — beurrez-la ; puis, après,

Versez sur le poisson, et votre plat est prêt.

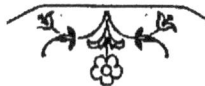

SAUTÉ DE PERDREAUX CHASSEUR

29 AOUT, OUVERTURE DE LA CHASSE

> Daigne protéger notre chasse
> Châsse.
> De monseigneur Godefroi
> Roi !
>   V. HUGO.

C'EST l'ouverture de la chasse,
   Le gibier s'enfuit tout tremblant,
Craignant le plomb qui dans l'espace;
      Passe en sifflant !

Va-t-en chercher la bête au gîte,
Chasseur — la meute est aux abois,
Entends-tu le cor qui t'invite ? —
      Vite sous bois !

Où dès l'aube, sans perdre haleine,
Tout le jour marchant à grand pas,
En tous sens va battre la plaine,
      Pleine d'appâts.

Le soir, savourant la cuisine,
Que chaque chasseur radieux —
Sans mettre à sa faim de sourdine —
Dîne joyeux !

RECETTE

Découpez, pour sauter, quelques jeunes perdreaux ;
Et, si vous observez la ligne de conduite,
Chacun doit vous fournir tout juste six morceaux
Les deux cuisses d'abord, — les deux ailes ensuite :
Dont quatre — la carcasse et l'estomac font six.
Dans un plat à sauter, alors sans plus attendre,
Passez-les vivement ; car ce n'est qu'à ce prix
Que l'on peut obtenir une viande très tendre.
Maintenant, d'autre part, vous avez émincé
Quelques beaux champignons, aussi de l'échalotte.
— Dès qu'avec les perdreaux, tout se trouve passé,
Alors que la cuisson, au toucher vous dénote,
Aussi bien qu'au parfum, que votre mets est cuit ;

Détachez au vin blanc — cognac — un peu de glace,

Vous aurez un bon jus qu'à moitié l'on réduit

Et que, sur les morceaux, juste au moment l'on passe !

. . . .

Puis, semez du persil haché sur la surface...

TIMBALE A LA D'AREMBERG (1)

FRUCTIDOR

Déja les pampres s'épanouissent,
Fructidor tient à nous offrir
Les belles grappes qui jaunissent
Et les beaux fruits qui vont mûrir.

On voit l'abeille qui butine
Sur la pêche aux vives couleurs,
Et le papillon qui lutine
Le Calice odorant des fleurs.

Pillons la vigne et l'espalier !
Que le vin nouveau dans les cuves
Bouillonne, — emplissant le cellier
De ses enivrantes effluves !

(1) Recette extraite de la *Cuisine classique.*

Et de ces beaux fruits de verger
— Que pendant l'hiver on emploie —
Pour emplir le garde-manger
Soulageons la branche qui ploie.

Parmi les entremets divers,
Un, je crois, — des plus méritoires,
Est celui qu'en ces quelques vers
Je décris : Timbale de poires ?

RECETTE

Des poires en quartier, vous cuisez en compote.
        Mettons : douze environ,
Ceci fait — d'abricot, après on les sirote
        Et zeste de citron,

Qu'au sirop l'on ajoute, ainsi que la pistache
        Et marasquin un peu,
Laissez-le mijoter, pour que point il n'attache,
        Sur un tout petit feu.

D'autre part : vous beurrez un grand moule à timbale

Qu'en pâte vous foncez,

Et qu'autour des parois, d'une épaisseur égale,

Vous assujettissez.

Ensuite en la timbale, il faut qu'on introduise

Le tout ; puis, la couvrir.

La mettre dans le four, et, qu'une heure elle cuise

Avant de la servir.

RETOUR DES HUITRES

A LA BARQUE ! !

Fuis-nous, hirondelle légère,
        Le froid vient ; et près de son banc,
Va venir trôner l'écaillère,
Face rouge et tablier blanc !

Ostendes, cancales, marennes,
Portugaises, pieds-de-cheval,
Vont se débiter par centaines ;
Et pour les gourmets, quel régal !

Mais, c'est aller contre nature,
Et j'en ai des regrets amers,
Que de voir mettre en garniture
Ce paisible habitant des mers.

L'huître doit s'avaler vivante !
Et pour l'estomac rien de tel
Que sentir sa chair palpitante ;
Mangez-la donc au naturel.

Sans avoir besoin du Codex,
Pour extirper votre mollusque,
Prenez du pouce et de l'index,
Et surtout sans mouvement brusque,

Un couteau qu'entre les parois
Avec beaucoup d'adresse on passe.
Ouvrez et gardez toutefois
L'eau de mer dans la carapace.

Vous les sablez d'un bon chablis,
Puis, le citron, la mignonnette
Feront très bien à mon avis :
Que pensez-vous de ma recette ?

Que j'en ai vu de belles filles
Qui, la nuit, en leurs doigts charmeurs,
Faisaient glisser plus de coquilles
Que ne feraient dix imprimeurs !

LA GRIVE

DANS LES VIGNES

Déja l'Aurore aux reflets roses
Vient illuminer l'Orient ;
Que l'on ouvre les portes closes !
Le jour se lève souriant.

Allons, travailleurs, à l'ouvrage !
Armés de serpes et de couteaux,
Faites assaut, pleins de courage,
Sur le penchant de nos coteaux !

Vous le voyez, le Ciel vous livre
Les trésors qu'il a rassemblés,
Et les clairs diamants de givre
Dont les raisins sont emperlés.

C'est plaisir de sentir l'ivresse
Que procure le vin nouveau,
Ainsi qu'une exquise caresse
Enveloppant tout le cerveau.

Mais aussi parfois il arrive
Que le nectar fait trop d'effet,
Et l'on dit, rond comme une Grive :
Ma foi ! l'Homme n'est pas parfait !

Voyez la gourmande qui roule,
Le bec rougi de jus vermeil,
Ivre de vigne et de soleil,
Sur le sable où son corps se moule.
Il suffit là de la cueillir ;
Voilà comme on doit la servir :

RECETTE

Bien cuite dans la casserole,
Avec des dés de petit lard,
Les gourmets en font une idole,
Et, quand on la dresse avec art,
Trônant sur la croûte rôtie,
Puis du cresson ornant le plat,
Un vrai courant de sympathie
Se manifeste avec éclat !

MENU DE VINGT COUVERTS

Voici, pour le début, où mon talent se risque!
Consommé printanier et *Potage à la Bisque :*
L'un étalant aux yeux sa limpide clarté,
L'autre sa teinte pourpre et parfait velouté.

    La *Truite saumonée,*
    De persil toute couronnée,
    Que suivront deux sauces au choix :
    Hollandaise et *beurre d'anchois.*

    Comme pièce de résistance :
Un beau *Filet piqué* de robuste apparence,
Cuit au fond de madère et ses deux flancs garnis
De larges champignons, en farce bien fournis.

Viennent ensuite trois entrées,

Avec art et soin préparées :

Dans la *Sauce Suprême*, à point et de bon goût,

On trouvera mêlés, délicieux ragoût,

Du nom brillant de *Financière*,

Et servant à garnir une volaille entière.

Quenelles de poulets, truffes et champignons,

Puis des crêtes de coqs ainsi que des rognons

En gros macaroni — *Timbale Milanaise*,

Et le *Homard en Mayonnaise*.

Majestueusement, trônant à l'unisson,

Des *Faisans* et *Perdreaux*, sur un lit de *Cresson*.

Puis, suivant les us et coutumes,

Entremets de légumes.

Haricots verts Maître-d'Hôtel,

Suivis à la même place

— En hiver, c'est très naturel —

De *Cardons à la demi-glace*.

La *Bombe à la Vanille* et les *Gâteaux divers*,

    Les *variétés de desserts*.

Enfin, à ce moment alors, selon l'usage,

Les vins vieux au cachet que donne le grand âge,

    Je laisse au sommelier

Le soin de les choisir et celui d'y veiller.

Le *Café*, les *Liqueurs*, — un superbe havane.

Je crois que c'est bien tout et signe,

                Achille OZANNE.

MENU D'UN DÉJEUNER DE CHASSE

Chasseurs, dans les bois que fait-on,
Tontaine, tontaine, tonton ?
Quand de bons plats la table est pleine,
Tontaine, tontaine, tontaine ?

MENU

Point de ces mets déliquescents
Qu'on offre aux petites maîtresses ;
Mais des *pâtés* appétissants,
Bâtis comme des forteresses.

De beaux *quartiers de venaison,*
Qui sortent de la marinade,
Et qu'on sert après la cuisson
Avec une *sauce poivrade !*

Puis, en friture nous plongeons,
Pour les sortir en teinte blonde,
Un lot de superbes *goujons*,
Ravis au frais baiser de l'onde !

Comme légume, simplement
Nous présentons un plat unique
De *flageolets*, nom d'instrument
Apprécié dans la musique.

Il faut bien rendre grand hommage
A la cave de la maison :
C'est alors qu'avec le *fromage*
On remplit son verre à foison.

On peut reprendre, en la campagne
La course folle du matin,
La tête pleine de *champagne*,
De *pomard* et de *chambertin*.

Il est cinq heures...
Voix intérieures...

Mais de table pourquoi sort-on,

Tonton, tontaine, tonton ?

Quand de bons vins la cave est pleine,

Tontaine, tontaine, tontaine ?

MENU DE RÉVEILLON

MINUIT

L ES uns se rendent à l'Eglise
Les autres dans les restaurants ;
Car ces temples de Gourmandise
Ont aussi beaucoup d'adhérents.

On peut — modeste — en sa famille,
Près de l'âtre tranquillement,
Surveiller le boudin qui grille...
Tout doucement !

Comme on peut déguster sans crainte
De livrer son âme à Satan,
Et libre de toute contrainte —
Le bon souper qui nous attend ?

MENU

Huître indispensable
Début du festin,
Viens sur notre table
Subir ton destin !

Sacrifions au porc... Voici des avalanches
De *boudins, pieds truffés* et *saucissons en tranches*.
Le tout bien arrosé de *Sauterne* et *Chablis*.
Cela fait : nous avons des droits bien établis,
A revenir enfin aux bons plats de cuisine !
Le *chaudfroid de perdreaux*, le *foie gras en terrine*.
Poursuivons — comme *chaud*, nous mettons des *soufflés*
De *crème de volaille*, au four à point gonflés,
Qu'aussitôt apparus on absorbe au plus vite !
Suivent : le *Clos-Vougeot* et le *Château-Laffitte*.

Majestueuse sur ton plat,
O divine *dinde truffée !*
As-tu demandé cet éclat
A la baguette d'une fée ?

Salade russe après, aux produits si divers,

Qu'on croirait à Paris n'y jamais voir d'hivers,

Ici, chaque invité murmure à sa compagne,

D'un air narquois, voici les ***truffes au champagne !***

Le *Moët* et *Rœderer* frappés...

Quelques baisers anticipés...

Puis je ne sais plus quoi — que vous dirai-je encore ?

A peine a-t-on fini, quand se lève l'aurore !

LA CRÊPE

L E beurre en la poêle pétille,
La crêpe s'étale aisément
Ronde comme l'astre qui brille
Le soir au fond du firmament.

Lorsque dans sa pâleur d'aurore,
Devant l'âtre au reflet vermeil,
Des deux côtés on la colore,
Elle prend les tons du soleil.

Je vais écrire la recette
De ce joyeux mets de saison,
Tâchant, pour la rendre complète,
D'unir la rime à la raison.

RECETTE

D'un bon demi-kilo d'excellente farine,
Vous formez un bassin au fond d'une terrine,

Au milieu vous mettez un peu de sel, quatre œufs,
Du beurre un peu fondu pour donner le moelleux,
Un peu de lait encore. Et puis, en toute hâte,
La spatule à la main, vous travaillez la pâte,
Jusqu'au moment où lisse, avec soin l'on y joint
Du lait tout doucement, pour la finir à point.
Alors, pour que la crêpe aisément se digère,
La cuisson la rendra croustillante et légère.

Vivement il faut procéder,
Aussitôt à la crêpe cuite,
Une autre, puis d'autres ensuite,
Sans cesse doivent succéder.

Chaque invité « saute » la sienne,
C'est la gaieté jointe au régal.
On fête la coutume ancienne
Que ramène le carnaval !

Fêtons-la donc comme nos pères,
Aux rires mêlons nos chansons,
Et que de joyeux échansons
De bons vins remplissent nos verres !

. . . .

Le beurre en la poële pétille,

La crêpe s'étale aisément,

Ronde comme l'astre qui brille

Le soir au fond du firmament...

NARCISSE JULIEN

NARCISSE JULIEN

(1825-1890)

PRÉSIDENT FONDATEUR DE LA SOCIÉTÉ DE SECOURS MUTUELS
DES PATISSIERS LA « SAINT-MICHEL »

Ce n'est pas quelques-uns, mais une immense foule
     Que sa famille en deuil
A pu voir se poser en imposante houle
     Derrière son cercueil !
Et tous du praticien au talent magnifique
     Louaient la probité ;
Honorant à la fois dans un respect unique
     L'art et la charité !

20 mars 1890.

AVRIL

SONNET

VRIL, quand ton soleil inonde
Quelque coin de notre univers,
On voit de la terre féconde
Surgir les premiers rameaux verts !

Tous les poètes à la ronde
S'en vont célébrer dans leurs vers
Les printemps chassant les hivers,
Les fleurs, la femme brune ou blonde.

Mais la fraise, parfum des bois,
Les poulets et les petits pois
Ont aussi leur langue divine.

Pour ces séduisantes primeurs,
Ma muse en des rêves charmeurs,
Chante en l'honneur de la cuisine !

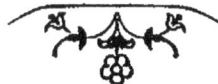

LONDRES GOURMAND

HOMMAGE AUX GOURMETS DE LA GRANDE-BRETAGNE

Après vous, messieurs les Anglais,
Gourmets à large et fraîche mine !
On devine
Rien qu'à voir vos mentons replets,
Les charmes de votre cuisine !

Le mutton-chop et le rosbif
Sur votre face épanouie
Laissent la trace rose vif
Des chairs où se puisent la vie.

Et le plum-pudding national
Développant vos puissants bustes,
Gonfle vos estomacs robustes
Objet d'un respect général...

Gourmands du pays britannique,
C'est l'art culinaire aujourd'hui
Qui, dans un élan sympathique,
Vous fait les honneurs de chez lui !

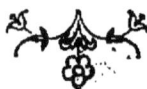

LONDRES GOURMAND

(1890)

AUX CUISINIERS FRANÇAIS D'ANGLETERRE

MAIS à vous, surtout, amis, frères,
Fils de France établis là-bas,
Qui combattez les bons combats,
Les nobles luttes culinaires,

Qui, modestes en vos travaux,
Brillamment, sans qu'on vous en prie,
Savez rappeler la patrie
A toute heure, à vous nos bravos!

La meilleure cuisine anglaise,
(Honni, moi, qui mal y pensais),
N'est-elle pas (et j'en suis aise),
Celle des cuisiniers français?

A vous donc nos vibrants hommages
En dédicace de ces pages
Où vit et s'agite gaîment
Londres-gourmand!

LA VIGNE

CHANSON DE BUVEUR

I

QUELQUES austères moralistes,
D'humour morose et de goûts tristes,
Disent quotidiennement :
L'eau suffit au tempérament !
Avec grand vigueur je rechigne,
Ce raisonnement est nouveau !
— Si nous devions boire de l'eau,
A quoi donc servirait la vigne ?

II

Laissons ces rèdresseurs de torts
Nous raconter leurs balivernes,
Et que le vin coule à pleins bords
Dans les salons, dans les tavernes :
Car parmi toutes les boissons,
Le vin vient en première ligne.
Dieu créa l'eau pour les poissons
Et pour nous le jus de la vigne !

6.

III

Etant aux noces de Cana,
Jésus, de divine mémoire,
Comme un vrai gourmet s'étonna
De n'avoir que l'eau pure à boire.
« Mes amis, dit-il simplement,
De nous ce breuvage est indigne. »
Et par un miracle charmant,
L'eau devint du nectar de vigne !

IV

Comme nos pères, gais pinsons,
Faisaient résonner sous les treilles
L'éclat joyeux de leurs chansons,
Rimons en vidant les bouteilles :
— A nous les brocs des vignerons !
Pour chasser la fièvre maligne
Les vins de France nous boirons !
Notre remède est dans la vigne !

LE PETIT COCHON AU CIEL

NOEL GOURMAND

Depuis bientôt dix-neuf cents ans,
    Par les voix de l'orgue profonde
Et des menus très séduisants,
Noël est fête dans le monde.

Au son des cloches de minuit,
Dans les cathédrales sans bruit,
La foule pieuse s'empresse,
Puis le réveillon suit la messe.

A cette même heure où jadis,
Les bergers entouraient l'étable,
On dresse une joyeuse table
Au milieu des jeux et des ris.

Saucissons, jambons, galantine,

Coqs, dindes, de truffes bourrés,

Avec art troussés et parés,

Mêlent leurs succulences fines.

Et par le parfum exhalé

De son âme naïve d'ange,

Le petit cochon que l'on mange

Semble inspirer un rêve ailé.

VISION

Doux rêve aux nimbès indigestes !
On croit voir cette âme montant
Dans le grand azur éclatant
Jusques aux cuisines célestes,

Où, sous les ordres de Vatel,
Dans l'ambroisie et l'hydromel,
La découpant tranche par tranche,
Cent chérubins en toque blanche,
L'accompagnent, mets immortel,
Pour le réveillon éternel !

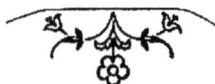

L'ÉCOLE PROFESSIONNELLE

SALUT à la nouvelle aurore
   Qui luit à notre firmament,
L'école vient enfin d'éclore,
Dans un joyeux rayonnement !

Ce rêve de longues années
Apparaît en faits accomplis ;
Comme aux glorieuses journées
Brilla le soleil d'Austerlitz !

Œuvre saine autant que féconde !
Honneur à vous, hardis pionniers
Qui venez de montrer au monde
Ce que peuvent les cuisiniers.

Pour vous le dur labeur commence :
Que d'efforts pour le maintenir
Et trouver dans cette semence
La récolte de l'avenir !

La noblesse des caractères
Chassant rancunes et regrets
Entraînera comme des frères
Nos travailleurs vers le progrès !

Tous auront même espoir, même âme :
Centre de cent foyers divers,
L'école, d'une même flamme,
Illuminera l'univers !

AUX FONDATEURS

Courage, amis, la tâche est belle,
Allez vers les beaux lendemains,
L'œuvre d'esprit est immortelle,
Qui vous attire et nous appelle :
Voici nos cœurs, voici nos mains.

POÊMES DE NOEL

LA DINDE TRUFFÉE

Salut à toi, Noël aux réveillons joyeux
Qui font de cette nuit un Eden radieux !
Nuit de joie et de fête, où la Gastronomie.
Parle à nos estomacs comme une voix amie ;
Où notre art culinaire, en ces occasions,
Sort de l'écrin gourmand maintes provisions.
On n'a plus qu'à puiser, car le choix est immense.
Faites votre menu, que la fête commence !
O gourmets, mes amis, surtout n'oubliez pas :
De mettre en bonne place, en vos friands repas,
Belle en sa robe d'or une dinde truffée,
Divin mets qu'on croirait créer pour une fée !

Spectacle à nul autre pareil
Pour un gourmet veillant la broche,
Quand l'âtre comme un beau soleil,
Au rôti qui tourne, décoche
La chaleur des rayons brûlants,
Dans les pores filtre la graisse,
Longtemps contenue au dedans ;
Parfum délicieux que laisse,
Suggestive et charmante odeur
De la truffe en pleine saveur !

Doucement la bête se dore :
Quand la teinte est d'un vif éclat
De vert cresson on le décore,
Majestueuse sur son plat.

Elle est la reine de la fête,
Et l'on voit dans les yeux ardents,
Que la conquête de la bête
Sera faite à belles dents !

On l'ouvre et le parfum des truffes s'évapore

Provoquant un désir et gourmand et sensuel :

De tous les invités la face se colore,

Et chacun fait honneur au festin de Noël.

AUX RÉDACTEURS

DE « VIENNE GOURMAND »

onc, de notre journal, en dévoué reporter
    Je cherche en mon cerveau le Kaléidoscope
ù je vois défiler au centre de l'Europe
t Vienne, et le Danube, ainsi que le Prater;
uis, massés sur le fond d'un ciel imaginaire
ous les représentants de notre art culinaire!

s sont nombreux là-bas, l'étranger opulent
n France vient chercher l'ouvrier de talent;
n tire de chez nous la mode et la cuisine,
omme un rayonnement d'une étoile divine !

    Vous avez su trouver l'accès
    Des palais et des ambassades ;
    Nous applaudissons vos succès
    D'un bien grand cœur, chers camarades.

De vos hôtels et restaurants
On dit que la cuisine égale
Celle qu'on met au premiers rangs,
Ici dans notre capitale !

Courage amis, que ce prélude,
Comme un message bienheureux,
Jusque sur les bords du Danube
Aille vous porter tous nos vœux !

CUISINE DE GUERRE

AU COLLÈGUE ESCOFFIER

AMI vous nous avez montré dans votre livre,
   Tout le talent qu'il faut pour arriver à vivre.
Bloqué dans Metz, ou bien dans la captivité,
Vous avez triomphé par votre activité ;
Et malgré les ennuis où vous étiez en butte,
Votre esprit se plaisait — engagé dans la lutte —
A chercher et trouver, malgré tout, le moyen
D'être ardent patriote et vaillant citoyen !

Mais des humbles la voix ne peut se faire entendre,
Cela gêne en haut lieu — vous devez le comprendre,
Quels que soient les avis des vrais praticiens
Les bureaux reviendront aux errements anciens,
Et tous vos procédés, vos rêves d'espérance
A donner le bien-être aux soldats de la France,
        Par un sensé projet d'alimentation,
        C'est déclarer la guerre à la tradition.

7.

. . . .

A moins que l'on ne voie un jour que la routine
N'est qu'un vieux soliveau rongé par la vermine,
Et que reconnaissant chacun à son métier,
Au lieu d'un général pour faire la cuisine,
        On prenne un cuisinier.

LE BON RÉVEILLON

J'AI pris avec l'âge un parti :
 Bien avant que minuit sonne,
Dans mon lit chaudement blotti,
 Je réveillonne.

J'ai réveillonné tout autant
Que fait réveillonner les autres ;
Et tous ces souvenirs d'antan,
Mes chers amis, ce sont les vôtres.

Patronnets possédant hélas ! très peu d'argent,
 Le but vraiment unique
Était lors de trouver pour notre cas urgent
 La voie économique.

Le modeste menu qu'ici nous vous narrons,
 Que Bacchus vous en garde !

Se composait de cidre ainsi que de marrons...
       Là haut dans la mansarde !

Mais quels mets transcendants, quels repas copieux,
       Quels soupers du grand monde
Valaient notre jeunesse et nos repas joyeux
       Répétés à la ronde...

Vous êtes loin déjà, modestes reveillons,
       Du début de la vie ;
Mais par le souvenir qu'éclairent vos rayons,
       Combien je vous envie...

Depuis, par le chemin longuement parcouru,
J'ai fait des réveillons succulents, magnifiques !
Pardonne, Lucullus, aucun ne m'a paru
Si bon que nos premiers élans gastronomiques.
Ainsi, trop entraînés vers l'art où nous allons,
Méditant des saveurs pour le palais des autres,
Un moment, par la tâche obsédés, nous mêlons,
Des regrets de novices à nos fièvres d'apôtres !

Qu'importe ! au livre des plaisirs
Dont j'ai consulté mainte page,
J'ai bien compris que les désirs
Changeaient comme on change, à tout âge.

Et sans me plaindre alors, j'ai pris le bon parti,
Puisqu'à présent, c'est bien avant que minuit sonne
Qu'en mon lit chaudement blotti,
Je réveillonne.

LA FRAISE

J'ASPIRE à la fraise des bois,
     A toutes fleurs fraîches écloses ;
Je veux voir s'entr'ouvrir les roses
Et les écrins des petits pois !

A moi délicieuse époque,
Où de parfums s'embaume l'air,
Où la poule qui chante clair
Pond ses exquis œufs à la coque !

FRAISES ET MORILLES

Voici l'avril ! Voici la fraise !
    Les amoureux
Pourront la chercher à leur aise,
    Toujours à deux...
Ils s'en iront avec prudence
    Dans les grands bois
Faire la cueillette en silence,
    Deux à la fois.
Et nous, puisque le printemps sème
    Ses premiers fruits,
De tout cœur savourons la crème
    De ses produits !

LA MORILLE

J'AIME à revoir cette retraite
   Qu'abritent les arbres géants
Dont le vent agite le faîte.
Comme les flots des Océans.
La belle moisson de morilles
Que nous y faisions tout gamins,
Mettant nos blouses en guenilles,
Après les ronces des chemins !
Et tout fiers de notre cueillette,
Quels éclairs de nos yeux ardents,
Lorsqu'apparaissait l'omelette...
Qu'on dévorait à pleines dents !

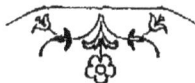

UN TOUR AUX HALLES

Beau mois de mai, dis-moi ce que recèlent
Tes étangs bleus, tes bois et tes vergers,
Que ces trésors à nos yeux se révèlent :
Dépêche-nous tes plus beaux messagers !

Un radis rose sous la dent,
Une fleur à la boutonnière,
Chacun prend un plaisir ardent
A cette fête printanière,

C'est un régal inusité
D'asperges fraises et laitues.
Bonne Flore, tu t'évertues
Pour complaire à l'humanité.

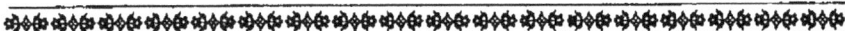

LA RECHERCHE DE LA PATERNITÉ...
DE LA TRUFFE

JE parcours la forêt de l'aube au crépuscule,
  Pour suivre les progrès de sa fécondité,
Espérant bien trouver, précieuse tubercule,
Quelque jour, le secret de ta paternité !

Que les femmes surtout adorent sans retour
Son parfum capiteux leur montant à la tête
Stimule doucement la face qui reflète,
En des yeux flamboyants, de longs frissons d'amour !

    De ce mets que je vous propose,
    Usez, mesdames, sans façon :
    Il donne le teint frais et rose
    De l'églantine des buissons.

MÉDAILLONS GASTRONOMIQUES

A mort de Dumas fils nous fait songer au père ;
    Et chacun de nous tous avec orgueil vénère
Ce géant bon enfant, taillé comme en un roc
Où le Créateur met des qualités en bloc.
Dans l'histoire, il cherche les grandes épopées
Pour forger des romans de capes et d'épées.
Parfois de la cuisine il se sentait le goût ;
Lors, il laissait la plume, et tournait un ragoût,
Prouvant avec raison que son intelligence
Jugeait du même effet ce qu'on mange et qu'on pense !
Ses romans ressemblaient à ces dîners joyeux
Qu'on savoure en entier, le plaisir dans les yeux,
Et les menus savants contenus dans son livre
Etaient de ces romans que l'on aimait à vivre.

ODE A LA POMME

JE possède comme héritage
De cousins décédés fermiers,
Un lot échu dans le partage,
Une pelouse et des pommiers.

En mai, je vois leurs têtes blanches
Que le zéphir vient animer.
C'est une neige sur les branches
Que Floréal vient de semer.

J'y vois en août au fruit naissant
Courir sur la pelouse verte
Tous les bébés se grandissant,
Les bras tendus, la bouche ouverte.

Puis je vais sous leur voûte sombre,
En septembre m'y reposer,
Cherchant en leur produit le nombre
Des mets que l'on peut composer.

LE POT-AU-FEU

MA Muse quittant le nuage
Qui souvent lacte son ciel bleu,
Vient aujourd'hui, modeste et sage,
Se consacrer au pot-au-feu;
Chanter son doux parfum, délicieux arôme,
Adorable senteur dont la maison s'embaume,
Qui parle aux estomacs comme à de bons amis.
Et parait tout fumant quand le couvert est mis.

Et tous, pauvres, bourgeois ou riches de la terre,
Femmes, vieillards, enfants,
Vont du Potage Roi, humer avec mystère
Les fumets triomphants !

BÉCASSES EN SALMIS

FERMETURE DE LA CHASSE

AUJOURD'HUI va fermer la chasse,
Faisons vite notre moisson,
Carême vient, et le poisson
Du gibier va prendre la place !

Mets ton fusil au râtelier
Chasseur pour la saison prochaine :
Adieu, sons du cor dans la plaine,
Vivent les chants du batelier !

Je veux que le lecteur profite
Puisqu'il en est encore permis,
De ce régal que je lui cite,
Ainsi : Bécasses en salmis.

RECETTE

Très saignantes, d'abord, rôtissez vos bécasses,
Coupez-les en morceaux et pilez les carcasses
Pour en faire un coulis qu'ainsi vous préparez :
Dans une casserole, alors vous émincez
Un oignon et du lard, avec une carotte ;
Ajoutez poivre en grain, thym, laurier, échalote,
Vos carcasses aussi, deux verres de vin blanc
Aux jolis reflets d'or, à l'arôme bien franc !
Quand tout se trouve cuit, passez à l'étamine.
Liez, assaisonnez à point, et l'on termine
En chauffant les morceaux dûment environnés
De truffes noir d'ébène et champignons tournés.
Maintenant tout autour on met pour garniture
Des croûtons bien taillés, ayant bonne figure,
Garnis de farce faite avec les excréments,
Que l'on a relevés par d'adroits condiments.

Du cerf ne soit donc plus en quête,
Chasseur retourne à la maison,
Tontaine, tontaine, tonton.

Les bois dont tu fis la conquête
S'ajouteront à ton blason
Tonton, tontaine, tonton.

~~~~~~~~~~~~~

L'AUBERGINE A LA TOMATE

D'ABORD les Dauphinois ont l'esprit très fécond !
    Voyez donc Vaucanson, et puis Henri Second,
Le premier inventa les canards automates ;
Et le second trouva l'aubergine aux tomates.

CONCOURS CULINAIRE DE 1887

APPEL

En avant ! En avant ! C'est le cri des batailles !
      Allons jeunes et vétérans
Que d'une même ardeur frémissent vos entrailles,
      Et devenez des conquérants !

Les palmes du travail, à moissonner sont belles,
      Et qui tient à les obtenir
Doit s'attacher surtout à des œuvres nouvelles
      Pour l'école de l'avenir.

Le concours culinaire atteint son premier lustre,
      Et, tout heureux de son succès,
Non content d'être grand, il voudrait être illustre
      Par vous, cuisiniers français.

Hé... Vous le savez bien ; de l'un à l'autre pôle,
   Notre art est toujours florissant ;
Dans l'univers entier, conservons notre rôle
   Qui va toujours en grandissant !

Et, dans ce beau Paris, capitale du monde,
   Que les résultats obtenus
Montrent que la cuisine, en son travail, féconde
   De vrais chefs-d'œuvres inconnus !

Aussi de son vaissseau conservons la devise,
   Travaillons, marchons d'un pas sûr,
Que sur notre étendard également on lise :
   Fluctuat nec mergitur.

LES CRÊPES

A ma cousine.

J'ÉTAIS collégien, toi gamine :
  C'était notre beau temps,
Et je viens effleurer, cousine,
Les roses de notre printemps !

Te rappelles-tu, chez grand-mère,
Les bonnes crêpes qu'on faisait,
Et comme de sa figure austère
Un sourire s'épanouissait

Quand le jour de la mi-carême
Chez elle, arrivant tout joyeux,
Nous guettions ce régal suprême,
Avec des éclairs dans les yeux.

Puis j'en ai gardé, précieux gage
D'un estomac reconnaissant,
Sa recette, et je vous engage
Goûtez ce mets appétissant;

RECETTE

Je la revois encore notre grande terrine,
La grand-mère y versait un kilo de farine
Et commençait en faisant tout d'abord
Remonter la farine, autour jusques au bord,
De manière à former un semblant de fontaine.
Alors, pour opérer d'une façon certaine,
Dans le milieu mettant, huit œufs, un tas de sel, .
A nos tous jeunes bras, elle faisait appel,
Pour faire en remuant une pâte bien lisse.
Quand nous avions fini ce petit exercice,
D'un bon litre de crème alors elle étoffait
Cette pâte — et c'est tout, l'appareil était fait.

Quelle joie et quels cris, et quels enchantements,
Quand la poêle rendait ces gais crépitements.
D'où les crêpes sortaient frissonnantes et belles
Comme des lunes d'or aux rebords de dentelles.

DINER DE CARÊME

I L est avec le ciel des accommodements.
   Je crois que, sans faillir à ses commandements.
En carême, l'on peut fort bien se mettre à table
Devant un dîner maigre, en tous points délectable !

MENU

Dans une crème de chou-fleur,
Des plats précèdant le cortège,
Les croûtons de blonde couleur
Se mêleront au blanc de neige.

Pour hors-d'œuvre, mettons coquilles de turbot
Au coulis de homard — nuance d'abricot;
Un superbe saumon, que le regard caresse,
Au beurre Montpellier, vient comme grosse pièce.
Et, dans une timbale, ensemble réunis,
Quenelles, champignons, truffes, macaronis;

9

Puis, suivront des turbans faits de filets de soles,

En couronne rangés, comme des auréoles !

      Ici les sorbets savoureux

      Couperont le dîner en deux.

Sur des flots de cresson, ainsi que des nacelles,

Des croustades de pain porteront des sarcelles :

Une salade russe aux décors panachés ;

Entremets d'épinards, entourés d'œufs pochés :

      Après, comme fromage,

      Servons celui de Port-Salut,

      Et, puisqu'il faut selon l'usage,

      Au ciel payer notre tribut,

Un beau Saint-Honoré, tout débordant de crème,

Suivi d'un entremets de pêches en suprême.

      Pour expier nos péchés,

Des choses d'ici-bas, nous montrant détachés,

Que, par de saints produits, le repas se termine :

Un verre de Chartreuse ou de Bénédictine.

Si votre confesseur se trouvait mécontent

Il serait parfois difficile :

Se mortifier ainsi, c'est être pénitent,

Croyez-en bien

A. OZANNE.

PRINTEMPS !

FAUDRAIT-IL chanter la cuisine,
    Et s'inspirer dans un sous-sol
Quand le firmament s'illumine,
Quand le jeune oiseau prend son vol !

Printemps !... au soleil resplendissent
Tous les joyaux de tes écrins ;
Les prés, les bois, les champs fleurissent
La source a des bruits argentins.

C'est le réveil de la nature,
Réveil charmant ! C'est l'âme en fleur,
On aime et l'on se sent meilleur
C'est le cœur humain qui s'épure.

Et tout ardent du renouveau
Je promène mes rêveries,

En suivant un gentil cours d'eau
Sillonnent les vertes prairies !

De tous les arbres du verger
Parfois je me livre à l'étude
Et j'y trouve là le prélude
D'un abondant garde-manger.

La fleur, emblême de jeunesse,
Dans son sein va porter le fruit.
Hélas ! la virginité cesse
Dès que le calice se produit.

La fleur du pêcher, blanche et rose ;
La fleur d'or des abricotiers,
La blanche neige des pommiers
Subiront leur métamorphose !

En suivant les sentiers étroits,
J'ai vu sous les tapis de mousse
L'humble violette qui pousse
Tout près de la fraise des bois.

Faisant mon choix parmi les herbes
Toutes d'un vert appétissant,
J'en ai cueilli de grosses gerbes
Pour un bon plat rafraîchissant.

Mais je me sens l'esprit morose
Il me faut regagner Paris
Le Poème est clos, vient la prose,
Adieu mon coin de Paradis.

CUISINE CHAMPÊTRE

Tous les environs sont en fêtes,
  Fanfares, concours de pompiers,
Et les lapins, ces pauvres bêtes,
En gémissent dans leurs clapiers !

Ils sont stoïques dans l'attente
Du plus barbare des destins.
On lit sur l'enseigne éclatante :
« Salons pour noces et festins ».

Quand les Parisiens envahissent
Berceaux, charmilles et salons,
Aux joyeuses chansons s'unissent
Le chant du lard dans les poêlons !

Il fait si bon sous les tonnelles,
Où l'on entend de tous côtés,
Baisers, promesses éternelles,
Précédant les lapins sautés !

RECETTE

La recette ma foi n'est pas bien difficile
C'est nature — il suffit seulement d'être habile
A tuer l'animal, et savoir se hâter
De le bien dépouiller, dépecer et sauter.
On découpe d'abord dans le lard de poitrine,
Quelques lardons moyens, que l'on fait revenir,
Ainsi que le lapin ; on y met la farine,
On laisse cuire un peu, sans trop laisser brunir,
On mouille d'un vin blanc souvent problématique.
Assaisonnez à point, pour plaire à l'estomac,
Puis oignons, champignons, et — surcroît magnifique
Faites brûler dessus un verre de cognac !

Lors, de ces excellentes bêtes
Il ne reste plus que les peaux.
Qui plus tard orneront nos têtes
Quand on en fera des chapeaux !

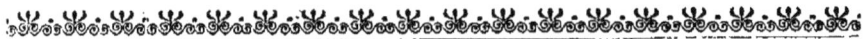

ÉPINARDS A LA CRÈME

SOLEIL DE JUIN

LE mois de mai, c'est la promesse
Des moissons prêtes à mûrir.
Le mois de mai, c'est la jeunesse
Au cœur tout ardent à s'ouvrir.

Boutons, bourgeons et fleurs fragiles
Poussent alors timidement,
Craignant des antans indociles
Le plus petit frémissement.

Juin de sa chaleur les féconde.
Phébus dans sa virilité
Prodigue à flots sur notre monde
Des trésors de maturité.

On peut choisir tout à son aise,
C'est un charme sous les regards.

J'ai pris, souhaitant qu'il vous plaise.
Un modeste plat d'épinards.

RECETTE

Voici pour débuter ce que vous devez faire :
Lavez vos épinards à l'eau limpide et claire
Puis, dans une eau salée et dont les tourbillons
Tournent dans la marmite en immenses bouillons,
Jetez-les d'un seul coup, et là laissez les cuire
Vivement, pour garder le vert qui doit séduire.
Rafraîchissez-les bien, hachez-les très menus,
Et quand ils sont à point, sur le feu revenus,
Mettez sel et muscade et, pour le goût suprème,
Etoffez-les de beurre et d'une double crème.
Ils sont pour la saison régal délicieux
Qui pour notre santé semble tombé des cieux.

De ce mets que je vous propose
Usez, mesdames, sans façons.
Il donne le teint frais et rose
De l'églantine des buissons !

ANGUILLE A LA TARTARE

SOUVENIR AU MOULIN

Par ces chaleurs caniculaires,
    A la paresse fort enclin,
Pour mes études culinaires,
Je rêve, hélas ! de ce moulin,

Où ravissante est la meunière ;
Où le meunier, charmant garçon,
Règne en maître sur la rivière,
En conquérant sur le poisson !

Centre de sites admirables,
Ce moulin est à mi-caché
Par de grands arbres vénérables
Sous lesquels on a tant... pêché !

La rivière doucement coule,
Baignant iris et nénuphars,
Son ruban au loin se déroule,
Dans les joncs et roseaux épars !

A peine le soleil pénètre
Dans cet Eden délicieux,
Le tic-tac du moulin semble être
Quelque refrain mystérieux.

Dans cette eau claire qui scintille,
Je voudrais, jetant l'hameçon,
Retirer une belle anguille
Que l'on sert de cette façon.

RECETTE

D'abord, pour commencer l'anguille à la tartare.
On la prend d'une main et de l'autre un couteau.
Peut-être ce début va paraître barbare
C'est cruel !.... Quand on doit parfois être bourreau.
Mais, c'est utile. Il faut la dépouiller vivante.
Et puis vous la videz, ébarbez, nettoyez.

Arrondissant l'échine encore palpitante,
Ensemble en attachant les deux bouts vous avez
Un cercle très bien fait. Vous passez à l'anglaise
Deux fois votre poisson, et, le mettant au four,
Vous l'arrosez souvent de beurre tout autour.
Vous servez, ajoutant dans une mayonnaise
Aromates divers foisonnant tout à l'aise.

Lecteurs, un point à retenir,
C'est de serrer très fort, l'anguille qu'on attrape ;
Car souvent, au moment où l'on croit la tenir,
Ainsi que la Fortune, elle glisse — et s'échappe !

A ALEXANDRE DUMAS

GRAND Alexandre Dumas
     Qui nous compris et nous aimas.
          Grand Dumas père !
Qui forçant notre Panthéon,
Pour la cuisine écrivis ton
          Dictionnaire.

Aux lauriers roses emperlés
Les lauriers sauces sont mêlés
          Dans la couronne

Que l'art culinaire, aujourd'hui,
Pour ton front où la bonté luit,
          Tresse et te donne.

REPROCHES AU PRINTEMPS

ALLONS donc Printemps paresseux.
Montre le Soleil ton emblème !
Hâte tes produits qui sont ceux
Que l'on aime !

De cet interminable hiver ;
Ah ! dissipe enfin la tristesse
Et rends-nous le légume vert...
Tous nos menus sont en détresse !

J'aspire à la fraise des bois
A toutes fleurs fraîches écloses ;
Je veux voir s'entr'ouvrir les roses
Et les écrins de petits pois.

A moi délicieuse époque
Où de parfums s'embaume l'air,

Où la poule qui chante clair
Pond ses exquis œufs à la coque.

Vive les joyeux horizons,
Vive la saison des asperges !
La matelote sur les berges,
Les gais repas sur les gazons !

Nous avons soif des tièdes brises
Qui vont montant au ciel vermeil
A ces heures où le soleil
Mûrit les cœurs et les cerises.

Hélas, hélas, grâce aux antans
Des choses manquant en leur temps
Trop long serait le catalogue,
Lors, je finis en épilogue :

. . . .

Mais fais-toi donc voir ô Printemps.

PARIS NEW-YORK

AU NOUVEAU MONDE

Par de là l'océan aux vagues innombrables
Que s'en vont sillonnant vos puissants paquebots
Avides d'horizons plus lointains et plus beaux,
S'étend le Pays Neuf, aux fleuves admirables.

La Liberté, déesse au noble front d'airain,
Sur le seuil est debout, un flambeau dans la main,
Jetant aux voyageurs ses feux de bienvenue
Qui semblent des éclairs arrachés à la nue !...

Amérique, salut ! Etats-Unis, hurrah !
Votre gloire naissante a des lueurs aimables,
Vos fils sont des gourmets, aimant les belles tables,
Et leur fier appétit jamais ne faiblira ;

10.

Car vos fourneaux sacrés, aux succulents mystères,
Ont, pour veiller sur eux et marcher au succès, —
Le souverain talent du cuisinier français,
Cet éternel vainqueur des luttes culinaires !

AUX CUISINIERS FRANÇAIS D'AMÉRIQUE

Haut les mains, amis ! Haut les cœurs !
Les Echos des deux Amériques —
Proclament chaque jour les bulletins flatteurs
　　　De vos victoires pacifiques.

A notre tour, nous qui suivons vos pas lointains,
Nous vous applaudissons, et notre voix vous crie,
　　　Comme un écho de la Patrie !
Haut les cœurs, amis ! Haut les mains !

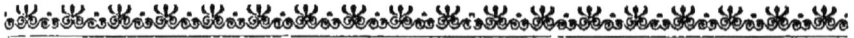

LE CHANT DU CRI-CRI

Ils chantent chez nous dans la nuit,
Avec une ardeur sans égale.
Comme en plaine où le soleil luit
Chante la joyeuse cigale — !

II

En mai, les bois sont pleins d'oiseaux
Murmurant des chansons d'amour ;
Sur le bois mort des arbrisseaux
Les cris-cris s'aiment sous le four.

III

Garde à nous de les effrayer
Dans leurs doux conciliabules :
Eux seuls sont là pour égayer
Nos existences noctambules !

IV

Dieux lares de notre réduit.
Dès le crépuscule à l'aurore,
Ils chantent l'hymme au four qui dore
Le pain quotidien qui se cuit.

V

Chante donc, gentil grillon, chante,
Pour le bonheur de la maison
Et remplis de ta voix stridente.
Le fournil, — tout notre horizon !

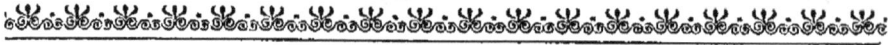

RÉVEILLON DE NOEL

NUIT DE FÊTE

Nuit de Noël, fête divine !
Les chrétiens vont, serrant les rangs,
Aux églises, aux restaurants —
Pour la prière... ou la cuisine.

Dans les théâtres, les concerts,
Avec délices
On savoure sur tous les airs
Les écrevisses !

Pensant bien que pour nos gourmets,
Les chansons ne sont que fadaises.
Sans musique je leur transmets.
Les écrevisses bordelaises.

LES ÉCREVISSES A LA BORDELAISE

RECETTE

Dans les règles de l'art, commençons le travail !

« Faire une mirepoix comme suit — combinée
De carottes, oignons, thym, persil, laurier, ail,
De sel et poivre en grains dûment assaisonnée,
Parures de jambon, pour la corser un peu ;
Puis dans le beurre fin, sur un tout petit feu
Que cette mirepoix doucement se consume.
Alors d'un vin blanc sec, mouillez-la du volume
    Nécessaire à ces crustacés ;
Et de ce court-bouillon leur offrant les prémices, —
Sans remords, en cuisson, plongez vos écrevisses
    Vingt minutes et c'est assez.

    Du bain les sortant toutes roses,
    Au chaud il vous faut les tenir
    Attendant les saveurs écloses
    Que la sauce doit contenir.

Passez bien la cuisson et laissez-la réduire

Afin de la beurrer, hors du feu, fortement,

Ajoutez, en jugeant l'effet qu'il peut produire.

Le cayenne pour condiment.

Elles seront les bienvenues —

Quand pour fêter le réveillon

Les cloches lanceront aux nues,

Les bruits d'un joyeux carillon !

. . . .

Nuit de Noël, fête divine !

Les chrétiens vont, serrant les rangs

Aux églises, aux restaurants

Pour la prière ou la cuisine !

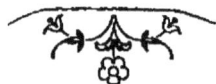

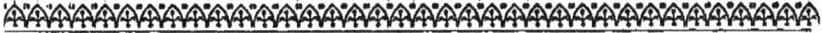

LA GALETTE DES ROIS

« Si j'étais roi »

DOUX souvenirs d'autrefois,
  C'est dans une ferme normande
Que de la galette des rois
J'appris la recette gourmande.

Quand bras nus et la gorge au vent
Pétrissait la belle fermière —
Sur son cou, ma bouche souvent
Faisait l'école buissonnière. —

Mais, je reviens à la galette
Sans plus longtemps être indiscret.
Mon souvenir est un secret :
Contentez-vous de la recette.

RECETTE

Sur votre table vous mettez
Deux litres de bonne farine
A laquelle vous ajoutez
Deux tas de gros sel de cuisine.
Un litre de crème, quatre œufs,
Une livre d'excellent beurre,
Ensuite, mélangez sur l'heure
La pâte en lui donnant un tour,
Puis un autre et mettez au four.

Ce jour-là, croyez-le sans peine,
Je prends le Sceptre sans effroi ;
Et mon bonheur, quand je suis roi,
C'est... c'est d'embrasser la reine.

LA SAUCE MAYONNAISE

N'y touchez ... (*Le vase brisé*)
SULLY-PRUDHOMME.

DANS votre bol en porcelaine
    Un jaune d'œuf étant placé :
Sel, poivre, puis vinaigre à peine
Et le travail est commencé !

L'huile se verse goutte à goutte,
Et votre sauce prend du corps
Epaississant sans qu'on s'en doute,
En flots luisants jusques aux bords !

Quand vous jugez que l'abondance
Peut suffire à votre repas
Au frais mettez-là par prudence...
... Jusqu'au moment n'y touchez pas !

INVOCATION

A NOS AMIS DE L'UNION AMICALE DE TOURS

TOURAINE, jardin de France,
Quand viennent les douces saisons,
Tes beaux vergers en abondance
Ouvrent de gourmands horizons

Autour des tables opulentes
Tes convives, mortels heureux,
Font, dans leurs coupes chatoyantes
Pétiller ton vin généreux.

Salut à ton sol plein de sèves
A tes moissons d'or, à tes fruits,
Salut à ton ciel plein de rêves
Enveloppant tes claires nuits

Et gloire aux efforts de nos frères,

Tes dignes fils, nobles français,

Dont les fiers tournois culinaires,

Consacrent les nouveaux succès !

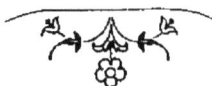

BOUTADE DE NOEL

Osannah ! Bethléem ! mystères de l'étable,
Naissance de Jésus ! — C'est fête, amis, veillons !
On l'ébauche à l'église, on la termine à table.
      En joyeux réveillons !

    Aujourd'hui le cochon, bon prince,
    Soumis au sacrifice acquis ;
    De sa tête... Au bout le plus mince
    Fournit les mets les plus exquis.

    Son sang versé comme un pactole,
    Pour le bonheur des citadins
    Se change, généreuse obole,
    En des spirales de boudins.

    Son lard si blanc, sa chair si rose
    Font ensemble, bien apprêtés,
    Une farce dont se compose
    Des saucisses, pieds et pâtés.

Puis, enfin tout son corps y passe,

Dans les apprêts les plus divers,

Et cet « animal-roi » trépasse

En bienfaiteur de l'univers.

La légende est là qui nous prouve

Qu'en maints endroits, longtemps épiés,

Lui-même, en terre, il nous découvre

La truffe, pour garnir ses pieds.

Les charcutiers, dans leurs boutiques,

Souriants et l'air paternel,

Songent au nombre de gastriques,

Qu'ils nous procurent pour Noël.

L'immense appétit s'aiguillonne,

On mange, on boit, on réveillonne,

Sans se demander quel rapport

A cette fête avec le porc !

Hosannah ! Bethléem ! — Mystères de l'étable,

Naissance de Jésus ! — C'est fête, amis veillons !

On l'ébauche à l'église, on la termine à table

En joyeux carillons !

PAX!

A MES COLLÈGUES ALBERT CHEVALLIER ET PHILÉAS GILBERT

A PROPOS DE

LEUR DISCUSSION MÉMORABLE SUR LE MOT « GNOLEUX »

I

SPECTATEURS du tournoi, nous avons pu comprendre
    Comme le dénouement vient de le révèler,
Que vos cœurs étaient faits plutôt pour vous entendre
        Que pour vous quereller.

II

Nous avons applaudi, voyant un adversaire,
Dire loyalement, à l'autre, offrant la main :
« Nous serons, fiers champions du grand art culinaire,
        Les amis de demain. »

III

Du mot : Gnoleux, creusons la tombe,
Un amen ! et n'y pensons plus !
Que de nos lèvres, jamais tombe
Ce nom des vieux temps vermoulus.

IV

La lutte divise... et rassemble.
Au passé laissez les regrets,
Pleins d'avenir, poussez ensemble
      La cuisine vers le progrès !

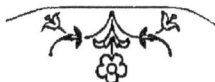

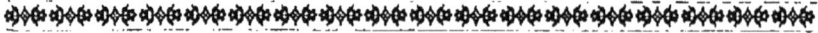

MONOLOGUE IMPÉRIAL

*La salle à manger du palais. La table est prête
pour le déjeûner : Des chaufroids, des mauviet-
tes, des mayonnaises, des filets de soles, des
gelées et pâtisseries offrent un gourmand décor.
A chaque bout, dans des vases d'argent massif,
émergent des bouteilles de Champagne enterrées
en glace.
L'empereur se promène de long en large.*

Oui, moi : roi de vingt rois, empereur d'Allemagne,
   J'avais de mes états exilé le champagne ;
Ensuite, décrété que dans tous les menus
Les mets français seraient à tout jamais exclus.

. . . .

D'où vient donc aujourd'hui cette force invincible
Qui me rend tout à coup, au bon goût accessible ?
Peut-être ai-je trop vu chez moi se succéder,
Mes sujets gargotiers ? — J'ai fini par céder !
... Ah ! Carême, là-haut, souriant, va se dire :
La cuisine française a conquis un empire !

. . . .

J'ai mille courtisans, qu'un geste fait trembler,
Je puis par mes rescrits, dissoudre ou rassembler
Le Reischtag insoumis, — mobiliser l'armée.
Je me montre, et je vois la foule enthousiasmée.

Bade, le Wurtemberg — Saxons et Bavarois,
Vasselage de ducs, de princes et de rois;
A mes pieds, tous sont là, petits, courbant l'échine,
Et je suis, moi, leur dieu, — vaincu par la cuisine —

LE PLUM-PUDDING

Ainsi que le drapeau — symbole magistral, —
Chaque pays possède un mets national,
Nobles dans leurs destins divers et respectables,
L'un s'illustre aux combats, et l'autre sur les tables.

Souverains, magistrats, femmes, vieillards, enfants
        De la noble Angleterre,
Chantent du fond du cœur les bienfaits triomphants
        Du Pudding légendaire !

LA RECETTE

Raisins d'Espagne et d'Orient.
De l'Inde, gingembre et cannelle,
Cédrat, muscade à bon escient,
Tels sont les parfums qu'il recèle.
Farine, graisse, lait, des œufs,
Imprégnés d'un arôme unique,
De bon rhum de la Martinique.

Dans un linge assez grand, bien fariné, beurré,
      Que le pudding se moule,
Modelé, façonné, ficelé, bien serré,
      Tout rond comme une boule !

Sachez que sa cuisson est simple en son effet.
      Il cuit à l'eau bouillante ;
On le sert entouré de rhum dont on a fait
      Jaillir la flamme ardente.

SES BIENFAITS

D'un élan généreux, le bourgeois, le richard,
Pour les déshérités, d'avance ont fait la part ;
Le pauvre, en sa cabane où le chaume le couvre (1)
      Fête comme les rois,

Et dans toute prison, la geôle qui s'ouvre
      Donne au pudding ses droits !

. . . .

Voilà comment l'Anglais, en ce jour de Noël,
Comprend l'égalité par-devant l'Eternel !

(1) Excuse-moi, Malherbe.

TERRINES DE CANARDS

Dédié à Hânni.

Sı les Rouennais sont fiers de Boïeldieu, Corneille,
Ils n'ont pas moins au cœur un gourmet qui sommeille
Et, malgré leur amour des lettres et des arts,
Ils ont au plus haut point le culte des canards !

Vous savez les honneurs qu'on leur rend en cuisine ;
Hânni vient aujourd'hui les offrir en terrine.
Puis, pour les parfumer, avec art il y joint
La truffe et le foie gras, ce succulent appoint.

    Et sur sa chair rose,

    Exquise volupté,

    La truffe se repose

    Comme un grain de beauté.

Lorsque sa renommée aura conquis le monde,
Que de canards auront les terrines pour tombe !

A URBAIN DUBOIS

QUARANTE ans écoulés sans faiblir à la tâche,
    Maître, vous poursuivez votre but sans relâche ;
Au vaste champ de l'art, creusant votre sillon,
Guidant les indécis sous votre pavillon.

Chaque aurore qui voit luire une œuvre nouvelle
        Chaque livre édité,
Marque un titre de plus à l'estime éternelle
        De la postérité.

Vous pensez qu'en ce livre est la dernière ligne
        Que vous pouvez donner ;
Mais nous n'en croyons rien ; l'heure du chant du cygne
        N'est pas près de sonner !

Le marin va toujours à la mer où l'entraîne
        Un but mystérieux ;
La cuisine pour vous, maître est une sirène,
        Aux chants harmonieux.

Votre bagage littéraire,
Si laborieux et profond,
Sera pour notre art culinaire
La semence au germe fécond !

LE BOUDIN DE NOEL

Les cloches dans les airs, en joyeux carillons,
    Appellent les chrétiens aux prières divines,
Des parfums odorants s'échappent des cuisines,
Symptômes précurseurs des joyeux réveillons !

    Les étalages sont féeriques
    Et partout, dans tous les quartiers,
    Ce ne sont qu'assauts homériques
    A la porte des charcutiers.

L'on voit apparaître, agapes magistrales !
Ces monceaux de boudins, d'aspect appétissant,
S'enroulant sur les plats en immenses spirales,
Où le porc a versé le plus pur de son sang !

    C'est le boudin qu'il est de mode
    De fêter en ce jour chrétien.
    Je dirai comme il s'accommode,
    Lecteur, si vous le voulez bien.

Ceint de ses tabliers comme en un long suaire,
        Mon charcutier très solennel,
M'a livré, m'entraînant jusqu'en son sanctuaire,
        Le secret professionnel !

RECETTE

Préparez des oignons hachés menus, menus,
Qu'avec autant de lard sur un feu doux l'on passe
Les tournant tant qu'ils soient d'un beau blond devenus
Et que leur doux arôme envahisse l'espace...
Mêlez le tout au sang, puis bien assaisonnez,
De sel, poivre et muscade, ainsi que des épices,
Un verre de cognac ; après, vous entonnez
Dans les boyaux du porc, dont l'un des orifices
Est d'avance fermé, et dès qu'ils sont remplis,
Ficelez l'autre bout, et dans l'eau frémissante,
Plongez tous les boudins ! Ces travaux accomplis,
Egouttez-les après vingt minutes d'attente.

        Près de la bûche de Noël
        Qui dans l'âtre flambe et pétille,
        Veillons d'un œil paternel
        Le boudin qui doucement grille.

                                        12.

L'APÉRITIF DANS LA FORÊT

Sans souci de la muse verte,
   A l'heure de l'apéritif,
Le cou tendu, la jambe alerte,
Déployant mon nerf olfactif,

Je fais de longues promenades
Dans les sentiers de la forêt;
— J'en choisis un sombre et discret,
Où les pins forment des arcades —.

Quelles odorantes senteurs
On y puise à pleines narines !
Ce parfum de bois et de fleurs
Dilate et gonfle les poitrines.

Pour terminer l'apéritif,
Je débouche en pleine lumière,
Daus un Paradis suggestif,
Où, dans la mousse et la bruyère,

Se dressent aux yeux étonnés,

Les rochers aux décors rustiques

Dessinant grottes ou portiques

Par le hasard échelonnés.

Là, grimpé sur une éminence,

Dominant les verts horizons,

C'est le nectar des floraisons

Que je bois dans la coupe immense !

TABLE DES MATIÈRES

———

www.ingramcontent.com/pod-product-compliance
Lightning Source LLC
Chambersburg PA
CBHW052350090426
42739CB00011B/2374